Janneke Schotveld

Das Eichhörnchen legt ein Ei
und andere Fabeln

Janneke Schotveld

Das Eichhörnchen legt ein Ei

und andere Fabeln

Mit Bildern von Noëlle Smit

Aus dem Niederländischen von Eva Schweikart

Verlag Freies Geistesleben

Die Übersetzung dieses Buches wurde von der niederländischen Stiftung für Literatur gefördert.

Nederlands letterenfonds
dutch foundation
for literature

Die Originalausgabe mit dem Titel *De eekhoorn legt een ei en andere fabels* ist 2021 bei Van Goor | Uitgeverij Uniebook | Het Spectrum bv erschienen.

1. Auflage 2024

Verlag Freies Geistesleben
Landhausstraße 82, 70190 Stuttgart
geistesleben.de

ISBN 978-3-7725-3171-2

Gestaltung: Petra Gerritsen, Spletters.nl
Satz: Bianca Bonfert
Gesetzt in der SemikolonPlus
SemikolonPlus wird empfohlen vom
Bundesverband Alphabetisierung und Grundbildung e.V.
Druck: Print Best, Viljandi
Printed in Estonia

MIX
Papier | Fördert gute Waldnutzung
FSC www.fsc.org FSC® C129413

ClimateCalc™
Der CO2-Ausstoß dieses Druckproduktes wurde mit ClimateCalc berechnet und kompensiert: South Pole
www.climatecalc.eu CC-000113/EE

«Wer in Siebenmeilenstiefeln geht,
sieht keine Gänseblümchen.»

Inhalt

Die vielen Freunde des Hasen

Der Hase saß schon den ganzen Tag vor seinem Haus und war damit beschäftigt, mit seinem Handy das perfekte Foto zu machen. Er sah sehr gut aus, ohne Zweifel.
Heute widmete er sich besonders seinen langen weichen Ohren. Er kämmte sie, bis sie glänzten, und machte dann ein Foto von sich.
Genau in dem Moment kam nebenan der Maulwurf aus seinem Hügel hervor.
«Hallo, Hase», sagte er.
«Jetzt nicht», erwiderte der Hase. «Ich bin beschäftigt.»
«Was machst du?», fragte der Maulwurf, der nicht sehen konnte, womit der Hase beschäftigt war.
«Ein Foto von meinen Ohren, das stelle ich jetzt bei Fabel-Babbel ein. So!»
«Fabel-Babbel, was ist das?», wollte der Maulwurf wissen.
«Da sind alle meine Freunde», antwortete der Hase. «Ich habe fünfhundert.»
«Fünfhundert Freunde! Das sind aber viele.» Der Maulwurf war beeindruckt.
«Zehn ‹Gefällt mir› in nur zwei Minuten!», rief der Hase erfreut.
«Na, dann gehe ich mal wieder runter», meinte der Maulwurf.
«Das Rotkehlchen findet es sogar toll», fuhr der Hase fort. «Logisch, wo es doch selbst so mickrige Ohren hat.»
«Tschüs», sagte der Maulwurf. «Bis bald, ja?»

Ein paar Tage später saß der Maulwurf vor seinem Hügel gemütlich in der Sonne. Es dauerte eine Weile, bis ihm auffiel, dass es neben ihm sehr still war.
«Bist du zu deinen Freunden gegangen, Hase?», fragte er.
Der Gedanke an die vielen Freunde des Hasen versetzte seinem kleinen Maulwurfsherz einen Stich.
Der Maulwurf hatte auch einige Freunde. Na ja, zwei, um genau zu sein. An seinem Geburtstag besuchten sie ihn, und manchmal verabredeten sie sich, um einander beim Graben zu helfen.

Der Hase aber hatte sooo viele!

Ach, gemütlich in der Sonne sitzen ist auch allein schön, dachte der Maulwurf.

So saß er eine Zeit lang, bis er etwas hörte.

Ein weinerliches Wimmern.

Maulwürfe können zwar nichts sehen, aber hören können sie ganz hervorragend.

Das Wimmern kam aus dem Haus des Hasen.

Der Maulwurf ging hin. «Hase?»

«Ich bin hier», klang es heiser.

Der Maulwurf schlüpfte hinein.

Maulwürfe können zwar nichts sehen, aber riechen können sie ganz hervorragend.

Und drinnen roch es gar nicht gut. Der Hase war krank!

«Mir tun alle Glieder weh, und heiß ist mir auch», klagte der Hase.

«Du hast die Grippe und brauchst Pflege», stellte der Maulwurf fest. «Wo sind deine Freunde?»

Einen Moment lang war es still.

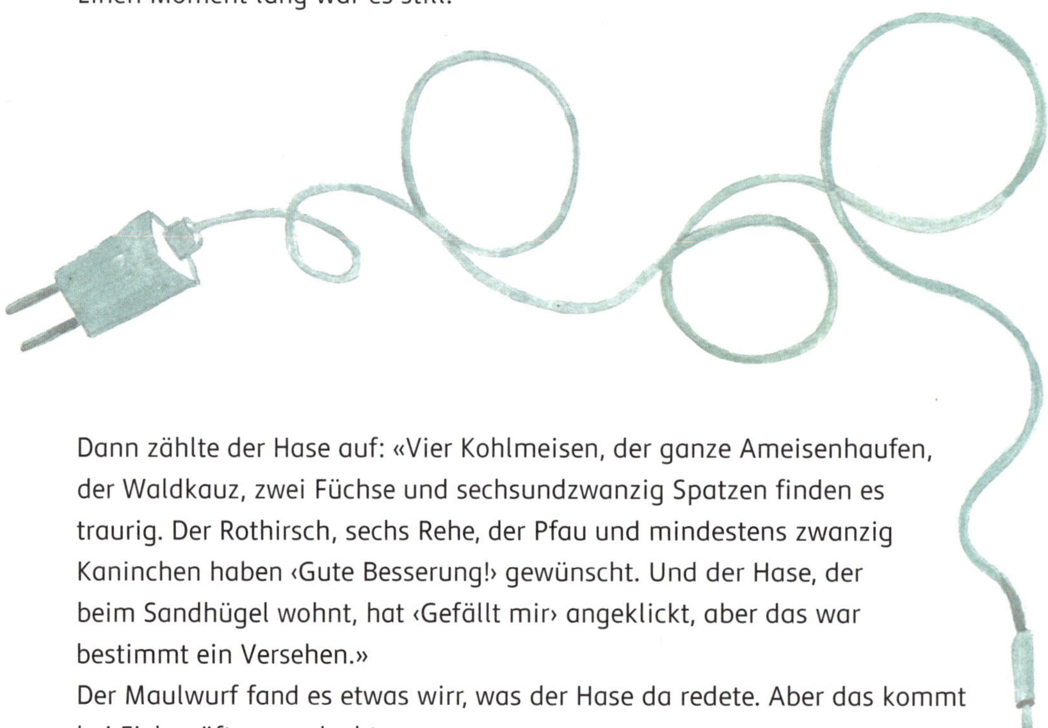

Dann zählte der Hase auf: «Vier Kohlmeisen, der ganze Ameisenhaufen, der Waldkauz, zwei Füchse und sechsundzwanzig Spatzen finden es traurig. Der Rothirsch, sechs Rehe, der Pfau und mindestens zwanzig Kaninchen haben ‹Gute Besserung!› gewünscht. Und der Hase, der beim Sandhügel wohnt, hat ‹Gefällt mir› angeklickt, aber das war bestimmt ein Versehen.»

Der Maulwurf fand es etwas wirr, was der Hase da redete. Aber das kommt bei Fieber öfter vor, dachte er.

Ihm wurde jedoch klar, dass von den vielen Freunden des Hasen kein einziger gekommen war.

Er legte dem Hasen ein nasses Tuch auf die Stirn und bezog das Bett frisch.

Er wusch die Wäsche, schrubbte den Boden und sang dem Kranken Lieder vor. Lieder von fetten Regenwürmern und hübschen Maulwurfsmädchen mit oh so flauschigem Fell.
Doch das störte den Hasen nicht. Er hatte sich so allein gefühlt, und nun fühlte er sich so geborgen.
Schön war das.

Zwei Tage später kam der Hase aus seinem Haus, ein bisschen wacklig noch, aber schon viel kräftiger.
Die Sonne schien ihm auf den Kopf.
Sogleich war der Maulwurf zur Stelle. «Na, da ist ja der Patient!», rief er und gab dem Hasen eine Schale mit Suppe. «Ich habe Möhrensuppe für dich gekocht.»
Weil der Maulwurf so gut riechen konnte, war er ein hervorragender Koch.
«Danke, Maulwurf!», sagte der Hase.
«Wissen deine Freunde, dass es dir inzwischen besser geht?», fragte der Maulwurf.
«Freunde?», wiederholte der Hase.
«Ja, du hast doch fünfhundert», sagte der Maulwurf. «Die werden sich bestimmt für dich freuen.»
Der Hase blickte schweigend vor sich hin. «Weißt du ...», begann er und legte behutsam die Pfote um den kleinen Maulwurf. «Ein guter Nachbar ist besser als ein Online-Freund.»
«Oh», machte der Maulwurf und lächelte.
Dann saßen sie noch eine ganze Weile einfach so beisammen.

Die Mücke und der Wolf

Es war einmal eine Mücke, die summte vergnügt herum, wie Mücken das nun einmal gerne tun.
Sie flog hierhin und dorthin und nahm sowohl hier wie auch dort ein Häppchen. Bis sie den Wolf traf.
«Heda, hau ab!», rief der Wolf, kaum dass er die Mücke erspäht hatte. Er hasste die kleinen summenden Biester.
«Na, na, nicht in diesem Ton!», sagte die Mücke.
«Weißt du eigentlich, wen du vor dir hast, du widerlicher Winzling?», fragte der Wolf.
«Und ob! Einen haarigen Hochstapler», antwortete die Mücke und flog keck eine Runde um seinen Kopf.
«Du kümmerlicher Knilch!» Der Wolf setzte sich hin, füllte seine Lunge mit Luft und heulte so laut und so lange wie er konnte.
Vögel flogen vor Schreck auf, Regenwürmer gruben sich tiefer ins Erdreich und Bäume wankten auf ihren Wurzeln. So durchdringend klang es.
Zufrieden klappte der Wolf sein Maul zu. Jetzt ist die mickrige Mücke bestimmt tüchtig erschrocken, dachte er.
Doch die Mücke landete auf seiner Nase, kratzte sich mit einem Beinchen das Mückenkinn und fragte: «Was hast du gesagt? Ich habe nichts verstanden.»
Nun geriet der Wolf vor Wut außer sich.
Er stampfte und schnaubte und schnappte.
Er rannte im Kreis herum, hinter seinem eigenen Schwanz her.
Der Arme regte sich so fürchterlich auf, dass er schließlich erschöpft umfiel.
Die Mücke sah es. Sie tanzte und summte vor Freude.
«Ich bin genial!»
«Ich bin die Beste!»
«Die Mücken regieren die Welt!»
«Klein, aber fein!»
Sie war so berauscht von ihrem Sieg, dass sie nicht aufpasste, wohin sie flog.
Und das war dumm.

Denn sie flog geradewegs in das Netz einer feisten Spinne.
«Ha», sagte Ria, so hieß die Spinne. «Klein, aber fein.»
Und mit einem Happs hatte sie die Mücke verschlungen.

Tja.

Die Grille Gregorius

Weißt du, was für Geräusche Grillen in schwülen Sommernächten machen? Grillen werden mit Musik im Kopf geboren. Auch wenn es die Flügel sind, mit denen sie musizieren. (Dass sie es mit den Beinen tun, ist eine hartnäckige Fabel.)

Nun denn.

Die berühmteste Grille, die es je gab, hieß Gregorius. Gregorius war grün und damit etwas Besonderes. Denn normalerweise sind Grillen braun. Und es hieß, er habe bereits im Ei Musik gemacht.

Schon als er noch ein klitzekleiner Knirps war, mahnte seine Oma: «Denk an den Winter, mein Junge!»

«Warum, Oma?», fragte Gregorius.

«Weil deine Flügel dann von der Kälte steif werden. Der Winter ist ein Ungeheuer. Darum denk an den Winter, Gregorius!»

Solange er zu Hause wohnte, machte er sich keine Gedanken darüber. Was auch nicht nötig war, denn er bekam alles, was er brauchte.

Dann machte Gregorius sich selbstständig. Er suchte ein schönes Plätzchen dafür aus. Am Rand eines großen Teichs, weil dort seine Musik weit über das Wasser hallte. Und bald war er berühmt.

Gregorius sang keine gewöhnlichen Grillenlieder über die Sonne, über frisches Gras und knusprige Samenkörner. Oder über Weibchen mit langen Beinen und zarten Flügeln. Nein, Gregorius spielte den ganzen Sommer lang Bach und Beyoncé. Bei Tag und bei Nacht.

Von überallher kamen Grillen, um ihm zu lauschen.

Sie versuchten, es ihm mit ihren Flügeln gleichzutun. Aber niemand konnte sich mit dem grünen Gregorius und seinem wunderbaren Spiel messen.

Dann ging es auf den Winter zu.
Die Tage wurden kürzer, die Nächte wurden länger. Die Bäume warfen ihre Blätter ab.
Und Gregorius musizierte weiter, auch noch, als alle anderen längst nach Hause gegangen waren. Er merkte erst auf, als er von der Kälte langsam steif wurde.
Und als er ein Grummeln hörte.
Hunger!
Er hüpfte nach Hause und schaute in seinen Vorratspott.
Leer.
Nicht ein vertrocknetes Samenkorn.
Nicht eine magere Mücke.
Nicht ein verdorrtes Löwenzahnblatt.
Nichts.

Gregorius blickte um sich.
Neben ihm wohnte ein Biber. Gregorius kannte ihn, er war ein wenig hochmütig. Wenn er nicht gerade an seiner Burg arbeitete, saß er mit vorgereckter Brust darauf, sah sich um und hielt ab und zu für die anderen Biber eine Rede darüber, dass Biber die Besten seien.
Gregorius war zwar kein Biber, aber so verzweifelt, dass er sich entschloss, seinen Nachbarn um etwas Essbares zu bitten.
Er klopfte an die Biberburg.
Der Biber machte auf. «Ich kaufe nichts!», grummelte er und wollte die Tür gleich wieder zuschlagen.
«Moment, lieber Herr Biber!», rief Gregorius. «Ich bin es doch: Ihr Nachbar Gregorius! Ich habe den ganzen Sommer lang nebenan musiziert.»
«Habe ich etwa darum gebeten?», entgegnete der Biber.
«Nein, aber gefallen hat es Ihnen doch gewiss», sagte Gregorius hoffnungsvoll.
Der Biber musterte ihn misstrauisch.
«Ich habe nichts für Künstler übrig», erklärte er dann. «Tagediebe und Taugenichtse, das sind sie!» Der Biber lief rot an. «Betrüger und Blender! Halt ... nein, das sind die Wissenschaftler. Bist du vielleicht auch Wissenschaftler?»
Gregorius dachte nach. Was ein Wissenschaftler war, wusste er nicht. Es hatte aber anscheinend mit wissen zu tun. Und dass er nicht viel wusste, das wusste er.
«Ich bin ziemlich sicher kein Wissenschaftler», antwortete er.
«Wenigstens was», meinte der Biber.

«Aber ich wollte fragen ...», setzte Gregorius wieder an, «... wo wir doch Nachbarn sind und es Winter wird und ... ja ... also ...»
Der arme Gregorius begann zu stammeln.
«Nun sag endlich, was du von mir willst! Ich muss noch eine Rede vorbereiten!», schnauzte der Biber.
«Ich habe Hunger!», rief Gregorius.
Da lachte der Biber los.
Furchterregend sah er aus mit seinen langen Zähnen.
Doch Gregorius redete tapfer weiter: «Also ... ich dachte, wo Sie doch so interessante Reden halten und so fleißig an Ihrer Burg arbeiten ... und ich Ihnen bei der Arbeit vorgesungen habe ... da dachte ich, Sie haben vielleicht ein bisschen was für mich, damit ich über den Winter komme. Ein paar Löwenzahnsamen oder zwei, drei Blattläuse?»
Eine beklemmende Stille trat ein.
«Notfalls ein Stück Rinde zum Lutschen?», versuchte Gregorius es erneut.
Der Biber hob den Kopf, seine Schnurrhaare zuckten. «*Ich* soll dir helfen, über den Winter zu kommen?»
«Ein kleine Gabe nur», sagte Gregorius bescheiden. «Ich bin völlig in meiner Musik aufgegangen. Darüber habe ich ganz vergessen, einen Vorrat anzulegen. Meine Oma hat gesagt ...»
«Tagediebe und Taugenichtse kriegen nichts von mir!», rief der Biber. «Sieh zu, wie du klar kommst, bester Nachbar, tschüs und ade!» Und schon knallte er die Tür seiner Burg zu.
Gregorius stand eine Weile verdattert da. Dann wandte er sich um und schleppte sich auf schwachen Beinen nach Hause.

Natürlich wäre es schön gewesen, wenn der Biber das Ganze noch einmal überdacht hätte. Wenn ihm klar geworden wäre, dass die Sommermusik ihm sehr wohl gefallen hatte. Dass er bei den Klängen von Bach an seinen toten Bibervater gedacht und geschnieft hatte. Und dass ihm dank der beschwingten Melodien von Beyoncé die Arbeit an seiner Burg leichter gefallen war.
Aber der Biber dachte nicht daran, das Ganze zu überdenken.

Es ging nicht gut aus mit Gregorius. Genau wie seine Oma es befürchtet hatte.
Doch seitdem hat keine Grille mehr so herrlich musiziert wie Gregorius, das solltest du wissen.
(Und höre immer auf deine Oma.)

Der Star mit den Pfauenfedern

Eines Tages stand ein junger Star nachdenklich vor dem Spiegel.
«Braun ist hässlich», sagte er zu seinem Spiegelbild. «Und meine Tupfen sitzen schief.»
«Ach, Junge. Aus dir wird ganz von selbst ein hübscher schwarzer Star», sagte seine Mutter.
«Schwarz ist noch hässlicher!», rief der junge Star.
Er seufzte tief und flog ins Freie. Dort setzte er sich auf den erstbesten Ast und schaute betrübt vor sich hin.
Plötzlich wurde er auf ein sehr besonderes Tier aufmerksam.
Vor Bewunderung fiel er fast von seinem Ast.
Was für ein schöner Vogel!
Es war der Pfau, und der Pfau bemerkte die Blicke des Stars. Darum trieb er es noch ein bisschen bunter, so sind Pfauen nun einmal. Er spreizte seinen Schwanz zu einem farbenprächtigen Fächer.
Der Star flog hinab.
«Werter Herr!», rief er.
Der Pfau wandte sich um. «Was gibt's, Kleiner?»
«Woher haben Sie diese Federn?»
Der Pfau überlegte. «Damit bin ich geboren», sagte er dann.
«Oh.» Der Star seufzte sehnsuchtsvoll. «Meinen Sie, ich bekomme auch irgendwann solche Federn?», fragte er.
Der Pfau schwieg zunächst und musterte den Star von Kopf bis Fuß.
«Nein», sagte er schließlich.
In solchen Fällen sind klare Worte am besten, dachte er und ging seines Wegs, die prächtigen Schwanzfedern mit Würde hinter sich herziehend.
Aber was war das?
Eine Feder löste sich.
Der Pfau merkte es nicht, weil er so sehr auf seine Würde konzentriert war.

Der Star jedoch konnte sein Glück kaum fassen. Schnell wie ein Rabe sauste er hin und schnappte sich die Feder.
Dann folgte er dem Pfau in einigem Abstand. Und kam auf diese Weise zu einem ganzen Büschel schillernder Federn.

Mit der Beute im Schnabel flog er nach Hause. Dort steckte er die Pfauenfedern zwischen seine eigenen.
Hochzufrieden betrachtete er sich im Spiegel. Dann flog er ins Freie und stolzierte eine Runde.
«Lachhaft!», brummte der mürrische alte Waldkauz vom Nachbarbaum.
«Komm sofort wieder rein!», rief die Mutter des jungen Stars.
«Du blamierst dich», sagte seine Schwester und grinste.
«Und uns auch!», schimpfte sein Bruder.
«Weg mit den protzigen Federn, Sohn, aber schnell!», befahl der Vater.
Aber der Star war so glücklich! Egal, was die anderen dachten. Wieder betrachtete er sich im Spiegel und war zufrieden.
Tags darauf in der Singklasse ging es so weiter.
Die anderen Stare lachten ihn aus.
Und der Lehrer machte eine zweifelnde Miene.
Aber den jungen Star störte das alles nicht. Er sang aus voller Kehle mit.
In der Pause wollten einige Starenmädchen seine neuen Federn genauer ansehen.
Und bald gesellten sich ein paar Jungs dazu.
Unser Star ließ sie ruhig gewähren.
Dann erzählte er, wie er zu den Federn gekommen war. Und er gab offen zu, dass das Fliegen damit nicht ganz einfach war. Dennoch sei er so glücklicher, sagte er.
Als er nach dem Unterricht heimkam, saß der Waldkauz draußen in der Sonne.
«Lachhaft! Ich bleibe dabei», brummte der alte Nachbar.
«Das geht bestimmt vorbei, Junge», sagte die Mutter des jungen Stars.
«Eigentlich sind die Federn ziemlich schick», gab seine Schwester zu.
«Mach, was du willst, solange ich nicht auch so rumlaufen muss», meinte sein Bruder.
«Ach, Sohn, ich habe dich immer lieb, ob mit oder ohne Pfauenfedern», sagte sein Vater.
Und so gewöhnten sich alle im Wald an den Star mit den Pfauenfedern.

Da sieht man es wieder: Steh zu dir selbst, die anderen gewöhnen sich schon daran. (Außer manche alte Nachbarn.)

Was eine kleine Schmeißfliege Großes leisten kann

Es war einmal eine kleine Schmeißfliege. Sie passte beim Herumbrummen nicht auf, stieß an den Ast einer Trauerweide und taumelte in den Teich. Dumm gelaufen!

Denn Schmeißfliegen können zwar vieles, aber schwimmen können sie nicht.

«Hilfe!», rief sie. «Ich kannich' schwimm'!»

Die Schmeißfliege zappelte und prustete und schlug mit ihren Flügelchen.

Es wäre schlecht für sie ausgegangen, wenn nicht gerade der Rothirsch vorbeigekommen wäre. Und wenn der Rothirsch nicht zufällig Durst gehabt hätte.

Als er seinen Kopf zum Wasser neigte, sah er die Schmeißfliege.

«Na, Kleine», sagte er. «Kannst du denn schwimmen?»

Die Schmeißfliege hatte keine Puste mehr für eine Antwort. Und sie geriet mit dem Kopf unter Wasser.

Zum Glück sind Hirsche kluge Tiere.

Der mächtige Rothirsch ging in die Knie, um besser an die Schmeißfliege heranzukommen.

Er fischte sie behutsam mit seinem Geweih aus dem Teich und legte sie ins Gras.

Ganz sanft blies er sie trocken.

Dann wartete er besorgt, ob sie noch lebte.

Erst regte sie ein Bein, dann ein zweites. Und schließlich spuckte die Schmeißfliege ein wenig Wasser aus und ließ ein leises Fliegenhusten hören.

«Sie tut's noch!», rief der Rothirsch erfreut.

Und das war unvorsichtig.

Denn zufällig war ein Jäger in der Nähe. Ein Jäger mit fiesen Augen, fiesen Gedanken und einem fiesen Gewehr.

«So ein Glücksfall», murmelte er. «Gleich gehört dieses Geweih mir!» Und er kauerte

sich hinter einen Strauch. Selbst ein blinder Jäger hätte aus der kurzen Entfernung getroffen.
«Klick», sprach das Gewehr.
Und wenn Gewehre so sprechen, wird es ernst.
Armer, armer Rothirsch!

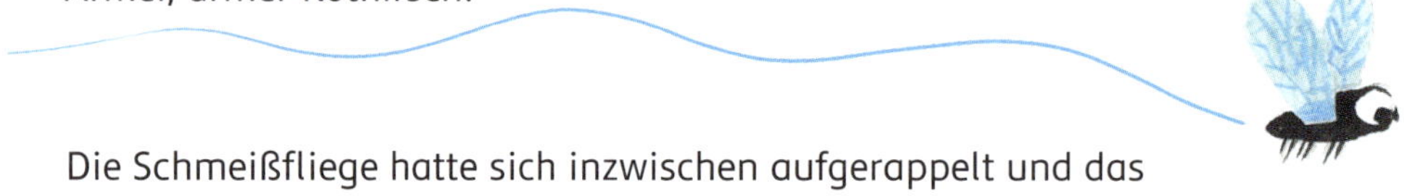

Die Schmeißfliege hatte sich inzwischen aufgerappelt und das Klicken gehört. Und weil Schmeißfliegen weder Tod noch Teufel fürchten, flog sie sofort auf den Jäger zu.
Ihre Flügel waren noch ein klein wenig feucht. Und sie hatte Wasser in den Ohren. Aber das beirrte sie nicht. Sie würde ihren neuen Freund retten, wie er sie gerettet hatte!
«So, Hirsch, jetzt ist es aus mit dir», flüsterte der Jäger.
Er drückte ab, und in dem Moment flog unsere tapfere Schmeißfliege in seine Nase. Tief in die Nase hinein.

Pengau! Oder: Aupeng!

(Denn es passierte ganz genau gleichzeitig.)
Die Kugel sauste schräg durch die Luft und landete irgendwo im Gras.
Erschrocken fuhr der Rothirsch herum.
Die Schmeißfliege flog aus der Jägernase heraus und zurück zum Hirsch.
«Verflixt und zugeschmiert!», schimpfte sie.
«Sag mal, hast du mir gerade das Leben gerettet?», fragte der Rothirsch.
«Wir sind quitt», bestätigte die Schmeißfliege.
Der Rothirsch galoppierte auf den Jäger zu, der ziemlich verdattert dahockte.
Er nahm das Gewehr auf sein Geweih und schleuderte es in den Wassergraben.
Dann nahm er den Jäger auf sein Geweih – zum Glück war es ein dünner – und schleuderte ihn hinterher.
«Du, Rothirsch ...», sagte die Schmeißfliege.
«Ja?»
«Ich bin voller Rotz und würde gerne baden.»
Der Rothirsch scharrte eine winzige Kuhle als Badewanne für seine Freundin und besorgte das Wasser aus dem Teich.
Von diesem Tag an waren der Rothirsch und die Schmeißfliege unzertrennlich.

Der Koch, der fast einen großen Fehler gemacht hätte

Es war einmal ein alter Koch, der seit Langem jeden Morgen ein Schwein schlachtete.

Das hört sich total grässlich an, und es *ist* auch total grässlich, wenn man ein bisschen nachdenkt.

Aber der Koch dachte nicht nach. Er war so daran gewöhnt, weil er es so gelernt hatte, und außerdem gehörte es zu seiner Arbeit. Er war nämlich berühmt und führte ein eigenes Restaurant in einem alten Gutshaus am Waldrand.

Von nah und fern kamen die Leute, um bei ihm zu speisen. Das Restaurant war jeden Abend pickepackevoll, bis zum allerletzten Platz.

Hinter dem Restaurant stand, verdeckt von einer hohen grünen Hecke, der Schweinestall.

Dort wohnten die Schweine und sahen in ihrem kurzen, bedauernswerten Leben nicht einen Sonnenstrahl. Nur den Koch sahen sie jeden Morgen.

«So, heute nehme ich dich», sagte er dann zu einem von ihnen.

Das Schwein, das an der Reihe war, weinte, und die anderen weinten auch.

Der Koch aber hörte und sah den Kummer nicht und schlachtete das Schwein.

So ging das Tag für Tag, und so würde es noch immer gehen, hätte der Koch sich nicht irgendwann geirrt.

Es war Sommer, die Sonne strahlte vom Himmel.

(Wobei die Schweine das, wie gesagt, nicht sahen.)

Die Restaurant-Terrasse war voller Gäste.

Der Gehilfe hatte sich krankgemeldet, und so kam es, dass der Koch auf sich allein gestellt war.

Bald wurde es ihm zu viel, denn er war ja schon alt und hatte Runzeln um die Augen. Und schmerzende Knie und ein Reißen im Rücken.

Als die Gäste endlich gegangen waren – es war bereits nach Mitternacht –, ließ sich der Koch auf einen Terrassenstuhl sinken.

Er öffnete eine Flasche Wein und trank sie bis zum letzten Tropfen aus.
Und danach noch eine.
Das meinte er, sich verdient zu haben.
Er wurde ein wenig übermütig, wie das vom Wein kommen kann.
Darum beschloss er, das Schwein statt am Morgen jetzt gleich zu schlachten.
Dann kann ich schön ausschlafen, dachte er.
Mit dem Messer in der Hand torkelte er zum Stall.
Er wusste allerdings nicht, dass seine Katze Tigerchen jede Nacht die Schweine besuchte. Tigerchen liebte die Schweine und sprach ihnen Mut zu. Und sie gab ihnen Köpfchen, jedem einzelnen nacheinander. Zum Schluss sang sie den Schweinen noch ein Schlaflied vor.
Tigerchen war der Lichtblick für die Schweine. Darin sind Katzen gut.
Auch für den Koch war sie der Lichtblick. Weil er so viel arbeitete, war nie Zeit für eine Beziehung geblieben. Aber er hatte ja Tigerchen, und die liebte er innig.
Sie schlief jede Nacht – nachdem sie bei den Schweinen gewesen war – neben ihm auf seinem Kopfkissen.

Und nun kam auf einmal der Koch in den Stall getorkelt, packte das erstbeste Schwein und hob sein Messer.
Nur war es kein Schwein, sondern seine geliebte Katze Tigerchen!
Sie war viel kleiner und weicher als ein Schwein. Aber der Koch war so betrunken, dass ihm der Unterschied nicht auffiel.
Alle Schweine hielten vor Schreck den Atem an.
Und Tigerchen begann zu singen:

Adieu, ihr rosa Freunde mein!
Es ist um mich geschehen.
Jetzt muss ich ebenso wie ihr
den Weg in die Pfanne gehen.

Das Lied machte den Koch mit einem Schlag nüchtern.
«Tigerchen!», schrie er, ließ das Messer fallen und drückte seine Katze an sich.
Alle Schweine atmeten erleichtert aus.

Der Koch hörte es und schaute sie an.
Es war, als sähe er sie zum ersten Mal wirklich.
Und so war es im Grunde auch.
Er sah ihre freundlichen Steckdosenschnauzen.
Er sah ihre Ringelschwänzchen.
Die rosa Haut mit den harten Borsten.
Ihre Ohren, alle unterschiedlich geformt.
Und er hörte das leise friedliche Grunzen.
Dann schaute er den Schweinen in die Augen.
Und sie schauten zurück.
Der Koch erschrak.
Die Schweine schauten ihn an, tatsächlich!
Mit einem Mal hatte er das Gefühl, selbst eines von ihnen zu sein. Auch ohne Ringelschwänzchen.
Sicherheitshalber betastete er seinen Po, ob da nicht doch plötzlich etwas war.
Doch dann kniff er die Augen zu.
Nein, er wollte nicht mehr hinschauen!
Aber es war bereits zu spät.
Was nun?
Ins Bett, dachte der Koch.
Er ließ das Messer liegen und eilte ins Haus.
In seinem Zimmer schlief er sofort ein, wie das vom Wein so kommen kann.

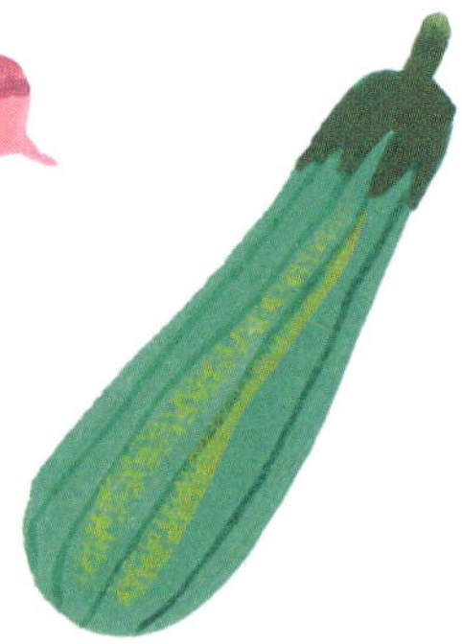

Am Morgen meinte er zunächst, geträumt zu haben.
«Es war nur ein Traum!», rief er laut zu sich selbst.
«Es sind doch nur Schweine!», setzte er entschlossen hinzu.
Und er lief zum Stall, um eines zu schlachten.
Denn auch an diesem Abend würde sein Restaurant voll sein.
Die Leute wollten seine berühmte Wurst, seine knusprigen Koteletts, seine saftigen Speckstreifen aus der Pfanne und seine delikaten Spießchen.
Und all das würden sie bekommen.
Aber als der Koch den Stall betrat, sah er sie wieder, die Schweine.

Er sah sie wirklich.
Der Koch fluchte und wetterte.
Doch das half nichts.
Es gab kein Zurück mehr.
Er wurde, was er nie für möglich gehalten hätte: Vegetarier.

Von da an tummelten sich die Schweine auf der Wiese neben dem Restaurant.
Was für ein Glück!
Allerdings wurden sie ein wenig zu dick, denn sie bekamen, was die Gäste übrig ließen. Und das war anfangs ziemlich viel.
Der Koch musste sich nämlich erst an die neue Art des Kochens gewöhnen.
Aber er gab nicht auf und brachte es zu wahrer Meisterschaft.
Er bereitete Cannelloni mit saftigem Spinat zu, flambierte Pfifferlinge, gefüllte Artischockenherzen mit knackiger Kruste, Chili sin Carne und viele andere Köstlichkeiten. Was er auf den Tisch brachte, war weder Fleisch noch Fisch, doch das störte die Leute nicht. Alles schmeckte so lecker, einfach himmlisch.
In kürzester Zeit war das Restaurant wieder jeden Abend voll. Pickepackevoll, bis zum allerletzten Platz.

Was wieder einmal beweist, dass man zum Lernen nie zu alt ist.
Und Tigerchen?
Tigerchen singt den Schweinen nach wie vor jede Nacht ein Schlaflied vor.
(Aber Vegetarierin wurde sie nicht, so sind Katzen nun einmal.)

Die Waldmaus und das Wildschwein

Es war einmal ein Wildschwein, das wälzte sich genüsslich auf dem Rücken.
Die Sonne schien, der Sand war warm, kurzum: Das Leben war gut.
Das Wildschwein schlief ein und träumte von Kartoffeln und Eicheln, mehr als es je würde fressen können.
Was für ein fantastischer Traum!
Da trippelte etwas über seinen Bauch. Mannomann, wie das kitzelte!
Ärgerlich sprang das Wildschwein auf.
«Ups!», tönte es, und eine kleine Waldmaus fiel zu Boden. «Ein lebender Berg!», rief sie erstaunt.
«Ich bin kein Berg, ich bin ein Wildschwein», sagte das Wildschwein. «Und jetzt fresse ich dich, weil ich von meinem Essenstraum mächtig Hunger bekommen habe.»
«Nein, gnädige Frau! Bitte nicht, gnädige Frau!», fiepte die Waldmaus.
Ihre Schnurrhaare zuckten vor Angst.
Und ihre kleinen Knopfaugen blinzelten so schnell wie ein Kolibri mit den Flügeln schlägt.
Das Wildschwein riss sein Maul auf. Furchterregend sah es aus mit den spitzen Eckzähnen, dem wuchtigen Leib und den Nasenlöchern, die so groß wie der Eingang zu einem Mauseloch waren.
«Es tut mir so leid, gnädige Frau», sagte die Waldmaus. «Ich verspreche, mich nie mehr zu irren.»
Noch nie war das Wildschwein «gnädige Frau» genannt worden.
Es gefiel ihm sehr.
Aber was die Maus da sagt, ist falsch, dachte es und sagte darum: «So was kann man nicht versprechen.»
«Ich tue es aber, gnädige Frau», beharrte die Waldmaus tapfer.
Das Wildschwein setzte sich neben die Maus.
«Hör zu: Wenn du dich irrst, dann merkst du das nicht», begann es zu erklären.

«Wenn du es merken würdest, dann würdest du dich nicht irren. Also *kannst* du gar nicht versprechen, dich nie mehr zu irren. Weil du ja nicht merkst, dass du dich irrst, wenn du dich irrst. Kapiert?»
Die Waldmaus dachte nach.
Wie alles an ihr war auch ihr Gehirn klein. Aber es funktionierte prima.
«Okay, gnädige Frau», stimmte sie zu, nachdem sie eine Weile nachgedacht hatte.
«Dann verspreche ich eben, nie mehr ein schlafendes Wildschwein mit einem Berg zu verwechseln.»
«Schon besser, Kleines», sagte das Wildschwein.
«Ich gehe jetzt nach Hause», sagte die Waldmaus. «Danke fürs Nichtfressen. Rufen Sie nach mir, wenn Sie einmal Hilfe brauchen. Dann komme ich sofort. Das verspreche ich auch.»
Darüber musste das Wildschwein so sehr lachen, dass es fast erstickt wäre.

Aber das Lachen verging ihm bald.
Denn der Bauer hatte eine Falle aufgestellt. Eine gemeine Falle mit einem Netz.
Prompt tappte das Wildschwein in die Falle und zappelte darin wie eine Mücke im Spinnennetz.
«Hilfe!», rief es. «Hilfe!»
Die Waldmaus hörte das Wildschwein und dachte an ihr Versprechen. «Das Wildschwein ist in Not, also helfe ich ihm», murmelte sie und trippelte los.
Schon bald war sie bei dem Wildschwein, das sich im Netz wand.
«Gleich kommt der Bauer und jagt mir eine Kugel in den Leib!», jammerte es.
«Letzte Woche habe ich nämlich alle seine Kartoffeln gefressen.»
«Nicht sehr anständig, gnädige Frau», sagte die Waldmaus.
«Stimmt», gab das Wildschwein zu. «Aber sehr lecker.»
«Wenn Sie sich jetzt bitte mal nicht bewegen, nage ich das Netz durch.»
Das Wildschwein tat, wie ihm geheißen.
Blitzschnell nagte die Waldmaus das Netz durch.
«Fertig!»
Das Wildschwein stand auf und machte vor Freude einen ungelenken Luftsprung.
«Du bist zwar klein, aber du hast eine große Tat vollbracht.»
«Man ist nie zu klein, um jemandem zu helfen», sagte die Waldmaus.

Und so ist es.

Die Ameisen sind schuld

Seit einiger Zeit war die Stimmung im Wald ziemlich schlecht.
Die Tiere waren bedrückt und unzufrieden. Es hatte lange nicht mehr geregnet, sie fanden nur noch wenig Nahrung, und der Frühling ließ auf sich warten.
Der Rothirsch stand auf einem Hügel und blickte sorgenvoll hinab.
Zwei junge Rehe spielten Fangen und prallten fast mit einem alten Dachs zusammen.
«Passt auf, wohin ihr rennt!» Wütend schnappte der Dachs nach den langen Beinen des hinteren Rehs.
Das Reh keilte vor Schreck aus und brachte dabei einen Hasen zu Fall.
Der Hase sprang auf und trat versehentlich auf den Schwanz eines herumscharrenden Eichhörnchens.
Das Eichhörnchen schmiss daraufhin einem niedrig fliegenden Spatz einen Tannenzapfen an den Kopf.
«Blödes Vieh!», tschilpte der Spatz.
«So geht das nicht weiter», meinte der Rothirsch.
«Wir müssen uns was einfallen lassen», sagte die Schmeißfliege.
«Aber was?», fragte der Rothirsch.
Doch der Schmeißfliege fiel auf die Schnelle keine Lösung ein.

Am gleichen Tag kam ein neues Tier in den Wald geflogen: ein Specht mit weißem Schopf.
Er bemerkte die Anspannung der Waldbewohner. Und *er* wusste die Lösung.
Der Specht landete auf einem Ast nicht weit vom Fuchs entfernt, der sich im trockenen Sand wälzte.
«Es sind die Ameisen», sagte er.
Der Fuchs sah zu dem komischen Vogel auf. «Die Ameisen?»
An die Ameisen hatte er bisher noch keinen Gedanken verschwendet.
«Ja», sagte der Specht. «Ich wollte es nur mal gesagt haben. Sie sind einfach zu viele. Sie buddeln im Boden herum, der ohnehin zu trocken ist. Bald wimmelt es im ganzen Wald von ihnen. Und was soll dann werden?»

Der Fuchs wusste es nicht.
Aber das war auch gar nicht nötig, denn der Specht flog bereits weiter.

Das Eichhörnchen saß verdrossen auf dem Ast vor seiner Höhle.
«Hallo», sagte der Specht. «Das sind vielleicht Zeiten, oder?»
«M-hm», machte das Eichhörnchen.
«Es kommt durch die Ameisen», sagte der Specht.
«Die Ameisen?», fragte das Eichhörnchen.
«Ja, die Ameisen. Überall im Wald treiben sie sich herum. Sie bleiben nicht an einem Ort, so wie du bei deinem Baum, nein, sie nehmen den ganzen Waldboden in Beschlag. Ich wollte es nur mal gesagt haben.»
«Puh», erwiderte das Eichhörnchen.
«Niemand sonst traut sich, es zu sagen», fuhr der Specht fort.
Das Eichhörnchen spähte nach unten, aber weil es kurzsichtig war, sah es weder eine Ameise noch sonst etwas. Trotzdem schien was dran zu sein.
Es schaute wieder auf, um den Specht mit dem weißen Schopf zu fragen, wie sich das genau verhielt, doch der war bereits weggeflogen.

Dann landete der Specht neben dem Hasen. «Nichts als Schwierigkeiten zurzeit, oder?», sagte er.
Der Hase nickte. «Irgendwas ist los, aber ich weiß nicht, was.»
«Ich schon.»
«Wirklich?», fragte der Hase.
«Die Ameisen», sagte der Specht voller Überzeugung.
Der Hase richtete den Blick zum Boden.
Gerade kamen ein paar Ameisen vorbei. Große rote Ameisen auf dem Weg nach … Ja, wohin wollten die eigentlich?

«Ich sage nur, was Sache ist», ergänzte der Specht, als die Ameisen außer Sicht waren. «Weil niemand sonst den Mund aufmacht. Die Ameisen nehmen allmählich den ganzen Wald ein. Sie sind wahnsinnig viele. Und sie kommen auch von außerhalb, aus den armseligen kleinen Gärten in der Stadt.»
Der Hase dachte nach. So hatte er das noch nie betrachtet.
«Sie kribbeln und stechen. Davon werden alle konfus», sagte der Specht.
Und schon flog er weiter.

Am gleichen Abend hielt der Specht mit dem weißen Schopf eine Rede.
Es herrschte ein ziemliches Gedränge, denn die Nachricht, dass der neue Waldbewohner eine Rede halten würde, hatte sich rasch verbreitet.
Von einem Ast blickte der Specht zufrieden auf die große Schar der Tiere und begann: «Ihr habt gemerkt, dass die Dinge in letzter Zeit nicht gut laufen. Wahr oder falsch?»
«Wahr», bestätigten die Tiere.
«Die Ameisen sind schuld», sagte der Specht. «Ich wollte es nur mal gesagt haben.»
Das klang vielen vertraut in den Ohren.
Und deshalb klang es mit einem Mal auch wahr.
Wahr und klar.
«Wollt ihr mehr oder weniger Ameisen?», rief der Specht auf seinem Ast.
«Weniger, weniger!», schallte es durch den Wald.
Und es blieb die ganze Nacht unruhig.

Am nächsten Morgen suchten der Rothirsch und die Schmeißfliege die anderen Tiere auf. Ihnen war noch keine Lösung eingefallen, doch die Schmeißfliege hatte den Rothirsch gedrängt, mit den Tieren zu sprechen.
Es roch herrlich, weil es in der Nacht geregnet hatte. Und vom Himmel schien wässrig, aber tapfer, die Frühlingssonne.
Endlich!
Der Rothirsch dachte an die Rede des Spechts und fühlte sich nicht recht wohl in seiner Haut.

«Was genau machen die Ameisen denn falsch», fragte der Rothirsch jedes einzelne Tier.
Das Eichhörnchen wusste es nicht.
Der Hase auch nicht.
«Sie ... äh ... sie ...» Der Fuchs geriet ins Stocken.
«Eins und zwei und vor das Bein! Eins und zwei und vor das Bein!» Ein paar Ameisen liefen im Gleichschritt vorbei.
Leicht beschämt vergrub der Fuchs die Schnauze in seinem Fell.
Ohne den Specht wusste niemand mehr, worum es eigentlich ging.
Der Specht mit dem weißen Schopf ... wo war der überhaupt geblieben?

Am Waldrand stand ein berühmter vegetarischer Koch auf der Terrasse seines Restaurants. Er sah seine Katze vorbeirennen und stieß einen Schrei aus.
«Tigerchen! Lass sofort den Vogel los!», rief er empört.
Doch Tigerchen stellte sich taub. So sind Katzen nun einmal.

Der Wolf und der Hund

Der Wolf hatte Hunger, nagenden Hunger.
Das kommt bei Wölfen öfter vor, es liegt in ihrer Art. Sie sind dauernd am Rennen und regen sich schnell auf, das macht hungrig.
«Hunger!», grummelte der Wolf auf seinem Weg durch den Wald. «Hunger!»
Ein Wiesel schaute hinter einem Baumstamm hervor. «Tja», sagte es, «du hättest eben kein Wolf werden sollen.»
Der Wolf blieb stehen. «Wie meinst du das?»
«Na ja, wer ein so großes Raubtier sein will, der hat oft Hunger. Du wärst besser auf Nummer sicher gegangen und ein Wiesel geworden. Mir, Willi Wiesel, genügt eine einzige Feldmaus am Tag.»
Der Wolf war nicht dumm, aber wenn andere etwas Dummes sagen, kann man sich als gescheiter Wolf schon mal aufregen. Und genau das passierte.
Der Wolf blinzelte heftig, weil es in seinem Gehirn knisterte.
«Ich bin froh, dass ich ein Wolf bin!», rief er, nachdem er sich einigermaßen beruhigt hatte. «Und jetzt fresse ich dich!»
Aber Willi Wiesel war natürlich längst auf und davon.
Also setzte der Wolf seinen Weg durch den Wald fort.
Ein mageres Kaninchen hatte das Pech, ihm in die Quere zu kommen. Aber das reichte bei Weitem nicht, um seinen Hunger zu stillen.
Und außerdem hatte der Wolf inzwischen etwas ganz anderes im Sinn.
Manchmal holte er sich unter Gefahr für Leib und Leben ein leckeres Huhn von einem Bauernhof. Das war jedes Mal ein Riesentheater, voll lustig.
Er lief bis zum Waldrand, wo die Äcker begannen. Dort war ein Hof. Er schlich näher und näher.
In der Dämmerung sah er einen Hund auf dem Hofplatz.
Einen wohlgenährten Hund.
«Pssst», machte der Wolf.
Der Hund erschrak und wollte bellen, da sah er, dass der Eindringling ein Wolf war.
«Hau ab», sagte der Hund. «Sonst kommt meine Chefin, die Bäuerin, und erschießt dich, das weißt du doch.»

Der Hofhund war groß, aber freundlich.
Ihm war klar, dass der Wolf irgendwie mit ihm verwandt war, deshalb wollte er ihn nicht verraten.
Der Wolf nickte und kam noch etwas näher. Er leckte sich die Schnauze. «Wie wär's, wenn wir uns die Hühner teilen?», schlug er listig vor.
«Die Hühner?»
Der Wolf zeigte zum Hühnergehege. Die Hühner saßen bereits auf der Stange, waren also eine leichte Beute.
«Das sind Cato, Samina, Mariechen und der Hahn Abdel! Die willst du doch nicht etwa fressen, du Barbar!»
Was ein Barbar war, wusste der Wolf nicht, es klang aber nach einer Beleidigung.
Er nahm den Hund genauer in Augenschein.
Dem Wolf war klar, dass der Hund irgendwie mit ihm verwandt war, deshalb hatte er Achtung vor ihm.
Aber wie sah er nur aus! Der Hund war so fett, dass man seine Rippen nicht sehen konnte. Der hatte garantiert keine Ahnung, was Hunger bedeutet!
«Bist du nie hungrig?», fragte der Wolf.
«Nein, natürlich nicht. Ich bekomme jeden Tag einen Napf mit Hundefutter hingestellt.»
«Liegst du nie wach, weil dein Magen so knurrt, dass du verrückt davon wirst?
So verrückt, dass du sogar Gras frisst, nur um was im Maul zu haben?»
«Nein, nie», gab der Hund zurück.
Er musterte den Wolf und sah den Hunger in seinen Augen. Da bekam er Mitleid mit dem entfernten Vetter.
«Weißt du was, vielleicht nimmt die Bäuerin dich ja. Sie sagt immer, ich wäre zu freundlich. Aber *du* würdest einen richtig guten Wachhund abgeben. Und dann bekommst du auch jeden Tag einen Napf mit Hundefutter hingestellt.»
«Ist Wachhund-Sein schwer?», erkundigte sich der Wolf.
«Überhaupt nicht», sagte der Hund. «Du bekommst auch noch ein schönes Halsband und eine lange Leine. Und ein Mal am Tag geht die Bäuerin mit dir in den Wald.»
«Halsband?», wiederholte der Wolf.
«Ja, schau mal!» Der Hund hob den Kopf, damit sein Halsband gut zu sehen war.
«Leine?»
«Eine ganz lange», sagte der Hund und ging zum Beweis in einem weiten Kreis über den Hof.

«*Ein Mal* am Tag in den Wald?»
«Ja, wir gehen im Wald Gassi, meine Chefin und ich.»
«*Gassi*?» Den Wolf schauderte es.
«Man muss eben mitspielen», meinte der Hund. «Und wie gesagt: Du bekommst jeden Tag einen Napf mit Futter hingestellt. Aber wenn du nicht willst, dann lass es halt.»
Genervt wandte er den Kopf ab.
«Halsband, lange Leine – pah!», rief der Wolf. «Da bleibe ich lieber ein Wolf!»
Und er rannte an dem Hund vorbei, geradewegs zum Hühnergehege.
Der Hund bellte los. «Chefin, schnell! Ein Dieb, ein Dieb!»
Der Wolf riss den Zaun um und schnappte sich das erstbeste Huhn.
Es war Mariechen.
Im Haus ging das Licht an, und die Bäuerin stürmte mit einer Flinte heraus.
Doch der Wolf war schneller, er verschwand bereits im Wald.
Ganz sicher würde er wieder einmal Hunger leiden, aber wenigstens war er frei.

Und Mariechen?
Tja, sie hätte eben kein Huhn werden sollen, würde Willi Wiesel sagen.

Das Eichhörnchen legt ein Ei

Es war einmal ein Eichhörnchen, das hatte vor, seinem Liebsten einen Heiratsantrag zu machen.
Vorher aber wollte es ganz sicher sein, dass es seinem Freund – Fluff hieß er, mit zwei f – von der Schwanzspitze bis zu den Ohrpinseln vertrauen konnte.
Darum beschloss das Eichhörnchen eines Morgens, Fluff auf die Probe zu stellen.
«Puh!», sagte es in aller Frühe.
«Was ist los?», fragte Fluff.
«Ich habe gerade ein Ei gelegt», antwortete das Eichhörnchen.
Fluff lachte. «Das geht doch nicht! Wir sind Eichhörnchen und die legen keine Eier.»
«Trotzdem ist es so.» Das Eichhörnchen stöhnte und hob die Bettdecke ein wenig an, sodass Fluff etwas Rundes sehen konnte.
Es war ein verpackter Tannenzapfen, doch wer das nicht wusste, musste ihn für ein Ei halten.
«Ui!», sagte Fluff beeindruckt.
«Es hat ganz schön wehgetan», erklärte das Eichhörnchen. «Und jetzt hätte ich gern ein paar frische Eicheln.»
«Ich hole dir gleich welche!», bot Fluff bereitwillig an.
Bis dahin war das Eichhörnchen hochzufrieden. Nun aber kam das Wichtigste.
«Du darfst das mit dem Ei nicht weitererzählen, Fluff», sagte es. «Niemandem, hörst du! Die anderen würden bloß Witze darüber machen. Oder es sehen wollen. Und darauf habe ich keine Lust.»
«Ich erzähle es niemandem», versprach Fluff.

Er hatte noch kaum die Baumhöhle verlassen, da stieß er mit einer Kohlmeise zusammen.
«Pass auf, wohin du läufst!», fuhr sie ihn an.
«Tut mir leid», sagte Fluff. «Aber ...»
Eine leise Stimme in seinem Kopf mahnte, dass er versprochen hatte, niemandem

etwas zu sagen. Aber er platzte fast. Es einem einzigen Jemand zu sagen, konnte ja nicht schaden, oder? Und die Meise war so klein, dass man kaum von einem Jemand sprechen konnte.
«Was aber?», fragte sie.
«Mein Freund hat gerade ein Ei gelegt!»
Der Kohlmeise fielen beinahe die Augen aus dem Kopf. «Ein Ei!? Hast du es gesehen? Ist das wirklich wahr?»
«So wahr wie mein Schwanz», bekräftigte Fluff.
«Aber du darfst es nicht weitererzählen. Du sagst es doch niemandem, ja?»
Die Kohlmeise reckte die Brust vor. «Wofür hältst du mich? Für jemanden, der alles weitererzählt?»
«Nein», sagte Fluff schnell.
«Dann ist es ja gut», erwiderte die Meise.
«Aber jetzt muss ich los.» Und sie flog davon, um das Geheimnis möglichst rasch weiterzuerzählen.
Denn was ein fetter Wurm für den Magen ist, ist eine fette Klatschgeschichte fürs Gemüt – ein Glücksfall!

Die Kohlmeise erzählte es dem Spatz.
«Echt? Aber es ist doch ein Eichhörnchen!», wandte der Spatz ein. «Und ein Männchen obendrein.»
(Spatzen mögen zwar unscheinbar aussehen, sind aber ganz schön pfiffig.)
«Trotzdem ist es wahr. So wahr wie mein Schnabel», sagte die Kohlmeise. «Und es ist so groß wie ein Hühnerei.»
Das mit dem Hühnerei hatte sie sich ausgedacht. Aber es kann durchaus wahr sein, dachte sie.
«Sein Freund hat es mir selbst erzählt», fügte sie hinzu.
Jetzt glaubte es auch der Spatz.
Er erzählte es der Elster, und die Elster erzählte es dem Hasen, und der Hase erzählte es dem Wiesel, und das Wiesel erzählte es dem Wildschwein, und das Wildschwein erzählte es der Waldmaus, und die Waldmaus erzählte es den Ameisen, und so schwirrte die Neuigkeit durch den ganzen Wald.
«Das Eichhörnchen hat ein Ei gelegt!»

«So groß wie ein Straußenei!»
«Ein ganzes Nest voll!»
«Was mag da herauskommen?», fragte der Frosch neugierig.
Ja, was mochte da herauskommen? Das wollten alle gern wissen!
Und so machten sie sich auf den Weg zu den beiden Eichhörnchen.
Das eine Eichhörnchen – das mit dem Ei – lag gemütlich lesend im Bett und ließ sich von Fluff versorgen.
Der hatte sich einen freien Tag genehmigt – schließlich war es keine Kleinigkeit, dass sein Freund gerade sein erstes Ei gelegt hatte.
«Du kommst mir nervös vor», sagte das Eichhörnchen zu Fluff.
Fluff zupfte tatsächlich schon die ganze Zeit an seinem Schwanz herum.
«Nervös? Ich? Aber nein!»
«Dann koch mir noch eine Tasse Bucheckerntee.»
Fluff sprang auf. «Ja, klar!»
Das Eichhörnchen lachte in sich hinein.
Fluff glaubt nach wie vor, dass ich ein Ei gelegt habe, dachte es, darum ist er so nervös. Eine kleine Weile noch lasse ich mich verwöhnen, und nach dem Tee sage ich die Wahrheit und mache ihm auch gleich den Heiratsantrag. Weil jetzt bewiesen ist, dass ich ihm voll vertrauen kann.
Fluff brachte gerade den Bucheckerntee, da war von draußen Lärm zu hören.
Gestampf, Getrippel, Geflatter ... und Stimmen.
«Was ist da los?», fragte das Eichhörnchen.
«Keine Ahnung», erwiderte Fluff.
Das Eichhörnchen sprang aus dem Bett. Sehr flink für ein Eichhörnchen, das erst am Morgen ein Ei gelegt hatte.
Es machte die Tür auf und erschrak.
Unzählige Waldbewohner hatten sich eingefunden!
Die Äste des Baums waren dicht von Vögeln besetzt, und unten standen jede Menge Tiere und schauten erwartungsvoll herauf. Der Hase, die Waldmäuse, ein Pfau, die Ameisen, der Wolf, der Biber, drei Wildschweine, der Dachs, ein paar Wiesel, die Frösche und sogar der Rothirsch – alle waren gekommen.
«Was wollt ihr hier?», fragte das Eichhörnchen verwundert.
Sein Freund war still hinter ihn getreten.
«Hast du die eingeladen?», fragte das Eichhörnchen über die Schulter hinweg.
«Nein», fiepte Fluff.
«Wir wollen sehen, was herauskommt!», rief der Pfau mit schriller Stimme.

«Was wo herauskommt?», fragte das Eichhörnchen.
«Aus den Eiern, die du gelegt hast!», grunzte eines der Wildschweine.
«So groß wie von einem Strauß!», krächzte die Dohle.
«Ein ganzes Nest voll!», knurrte der Wolf und leckte sich die Schnauze.
Das Eichhörnchen sagte nichts. Es drehte sich zu seinem Freund um.
Fluff zitterte von Kopf bis Fuß. «Ich ...»
«Raus hier!» Das Eichhörnchen schubste ihn aus der Tür.
«Aber ich habe es doch nur der Kohlmeise gesagt!», rief er. «Nur ihr!»
Das Eichhörnchen knallte die Tür zu.
«Hat er nun ein Ei gelegt oder nicht?», fragte ein Rotkehlchen.
«Ich glaube, das waren Fake News», meinte der Biber.
«Ich glaube, es ist wahr», sagte der Hase.
«So was denkt man sich doch nicht aus», ergänzte eine Ameise.
«Wir müssen abwarten», entschied der Dachs.
Hätte es nicht angefangen zu regnen, wären sie nicht irgendwann hungrig geworden und wäre der Sommer nicht in den Herbst übergegangen, ja, dann würden sie wahrscheinlich immer noch warten.

Und das Eichhörnchen?
Das zerbrach und zermarterte sich den Kopf. Sein Freund war nicht ehrlich gewesen.
Doch wie war es mit ihm und seinem gelogenen Ei?
Es kam zu keinem Schluss – und so zermartert und zerbricht es sich bis heute den Kopf.
Ganz allein.

Vier seltsame Freunde

Sie passten überhaupt gar nicht zusammen: die Ratte, das Reh, die Schildkröte und die Amsel.
Die eine war blitzschnell, der andere langsam.
Der eine mit den Füßen auf dem Boden, die andere mit den Flügeln in der Luft.
Die eine mochte Käse, der andere Gras.
Geht absolut nicht, würde man denken. Aber so war es keineswegs.
Sie verstanden sich blendend, weil sie in vielem einer Meinung waren, über die gleichen Witze lachten und an den anderen die Eigenschaften schätzten, die ihnen selbst abgingen.
Anfangs wurde öfter über sie gelacht, aber inzwischen hatte man sich an sie gewöhnt: an die vier seltsamen Freunde.
Sie wohnten auf einer schönen abgelegenen Waldlichtung mit einem Teich für die Schildkröte, einer Wiese für das Reh, einer hohen Kastanie für die Amsel und ein bisschen von allem für die Ratte.
Eines Morgens machte das Reh sich zu einem Spaziergang auf. Von den vieren ging es am liebsten spazieren.
«Bis nachher!», riefen seine Freunde.
Das heißt, eigentlich nur die Amsel und die Ratte, denn die Schildkröte träumte am Grund des Teichs vor sich hin.
Das Reh sprang also in den Wald hinein.
Doch was für ein übles Pech! Auch der Jäger war gerade im Wald. Fest entschlossen, mit seinem nagelneuen Gewehr ein schönes Tier zu schießen. Seit dem Fehlschlag mit dem Rothirsch war er in seinem Jägerstolz gekränkt.
Was für ein Tier er schießen würde, war ihm ziemlich egal. Hauptsache es war größer als ein Kaninchen.
«Zur Not nehme ich sogar ein Kaninchen», murmelte er. «Was auch immer ich erwische, ich mache Suppe daraus!»
Dann schlich er leise weiter, das Gewehr über der einen Schulter und die Jagdtasche mit den Netzen über der anderen.

Als die Freunde sich zum Essen setzten, blieb ein Platz leer.
«Wo ist das Reh?», fragte die Schildkröte.
«Das ist spazieren gegangen», sagte die Amsel.
«Ein sehr langer Spaziergang», meinte die Ratte.
«Wenn ich Flügel hätte, würde ich mal nach ihm sehen», sagte die Schildkröte.
«Bin schon unterwegs!» Die Amsel flog los.

Es dauerte nicht lange, und die Amsel entdeckte das Reh.
Er war geradewegs in die Falle gelaufen und saß in einem Netz des Jägers gefangen, der glücklicherweise bisher noch nicht aufgetaucht war.
«Nein! Das ist ja furchtbar!», rief die Amsel.
«Ich sitze fest!», jammerte das Reh. «Wie konnte ich bloß so dumm sein?»
«Du bist nicht dumm», sagte die Amsel. «Dumm ist nur der Jäger. Ich hole die Ratte, die wird dich freinagen.»
«Beeil dich!», bat das Reh. «Der Jäger kann jeden Moment hier sein.»
Die Amsel flog zurück, so schnell wie noch nie.
«Hilfe! Ratte! Das Reh ist in ein Netz geraten! Bei der umgestürzten Eiche!»
Die Ratte ließ sofort alles aus ihren Krallen fallen. So schnell ihre kurzen Beine sie trugen, folgte sie der Amsel.

Die Schildkröte blieb allein zurück.
«Ich bin ein nutzloses Geschöpf», sagte sie zu sich selbst.
«Plump und langsam. Und warum schleppe ich dauernd diesen schweren Panzer mit mir herum?»
Sie seufzte tief. Wenn ein Freund in Not war, musste man doch helfen …
Sie beschloss darum, sich ebenfalls auf den Weg zu machen.
Wer weiß, vielleicht konnte sie als Schildkröte doch irgendwie von Nutzen sein.
Langsam für jeden anderen, aber schnell für eine Schildkröte, kroch sie zum Unglücksort.
Dort war gerade der Jäger

aufgetaucht. «Rehsuppe! Das hatte ich schon lange nicht mehr!», rief er freudig.
In diesem Moment hatte die Ratte das Netz durchgenagt.
Das Reh sprang auf, schüttelte das Netz ab und rannte auf das Dickicht zu.
Flugs legte der Jäger an, aber es war zu spät: Er konnte das Reh nirgends mehr entdecken.
Er wurde wütend und stieß einen hässlichen Fluch aus.
Das Reh war im Dickicht, die Ratte hatte sich hinter der umgestürzten Eiche versteckt, und die Amsel saß im dichten Blattwerk einer Buche.
Doch wer kam da angetrottet?
Genau: die Schildkröte!
Die Wut des Jägers verflog augenblicklich.
«Schildkrötensuppe, das hatte ich auch schon lange nicht mehr», flüsterte er.
Eigentlich war es unter seiner Würde, ein so langsames Tier zu fangen, aber sehr viel Würde besaß er nicht mehr.
Diesmal brauchte er weder sein Gewehr noch ein Netz. Er konnte die Schildkröte einfach packen.
Und das tat er.
«Heee!», sagte die Schildkröte.
Doch ehe sie mehr sagen konnte, war sie in der Tasche des Jägers verschwunden.

Zum Glück hatte die Amsel in ihrem Blätterversteck beobachtet, was geschehen war.
«Ratte, Reh! Er hat die Schildkröte gefangen!», zwitscherte sie.
Das Reh zögerte keine Sekunde, es kam aus dem Dickicht hervor und begann, einen neckischen Tanz aufzuführen.

Der Jäger sah es, und wieder ergriff ihn die Wut. Und die Gier. Er schleuderte seine Jagdtasche auf den Boden und legte erneut an.
In Windeseile knabberte die Ratte die Tasche auf.
Langsam für jeden anderen, aber schnell für eine Schildkröte, kroch die Schildkröte heraus.

Zufällig war sie unmittelbar hinter den Beinen des Jägers aus der Tasche gekommen. Und zufällig hatte sie ein ziemlich großes Maul.
Sie riss es auf.
Der Jäger schoss und wurde ins Bein gebissen.

Pengau! Oder: Aupeng!

(Denn es passierte ganz genau gleichzeitig.)
Die Kugel sauste schräg durch die Luft und landete irgendwo im Gras.
Der Jäger fiel hintenüber und mit dem Po auf seine kaputte Tasche.
Das Reh rannte durch den Wald, schnell nach Hause.
Die Amsel flog über den Wald hinweg, schnell nach Hause.
Die Schildkröte trottete durch den Wald, und auf ihrem Panzer saß die Ratte.
«Gemeinsam sind wir stark!», rief die Ratte.
Am Abend saßen sie gemütlich beisammen: die Ratte, das Reh, die Schildkröte und die Amsel.
Sie sprachen über ihr Abenteuer und kamen zu dem Schluss, dass es keine besseren Freunde als sie geben konnte.

Und der Jäger?
Der schlürfte seine Suppe.
Gemüsesuppe.

Die hübscheste Taube der Gurrklasse

Alle waren verliebt in sie: die hübscheste Taube der Gurrklasse.
Sie war schön und kokett.
Auch der kleine graue Täuberich konnte seine Augen nicht von ihr abwenden. Sie dagegen hatte keinen Blick und schon gar keine Schwäche für ihn. Umringt von ihren Freundinnen gurrte sie sich durch den Tag.
Wie sehr der kleine graue Täuberich sich auch bemühte, es gelang ihm nicht, ihre Aufmerksamkeit auf sich zu ziehen.
Nach einem weiteren erfolglosen Tag war er grübelnd auf dem Heimflug.
Wie konnte er sie beeindrucken?
So lange träumte er schon von ihr!
Er träumte von einem gemeinsamen Nest in der Astgabel eines schönen Baums.
Jeden Tag würde er ihr Nüsse und frische Samen bringen. Und ab und zu eine Brotrinde oder ein Pommesstäbchen aus der Stadt.
Er würde den Wind zurückblasen, wenn er in die falsche Richtung wehte.
Er würde ihr Gefieder pflegen und jeden Abend ein Schlaflied für sie gurren.
Er würde … He, was lag denn da?
Der kleine graue Täuberich wendete in einem Bogen und flog zurück.
(Vögel können nämlich nicht rückwärtsfliegen, außer Kolibris, aber das ist eine andere Geschichte.)
Auf dem Waldboden lag eine Pfauenfeder. Glänzend blau und grün.
Der kleine graue Täuberich kannte ihn, den etwas eingebildeten Pfau.
Sobald ein hübsches Pfauenmädchen in Sicht war, spreizte er seine Federn zu einem Rad.
Das Pfauenmädchen tat erst so, als würde sie es nicht bemerken, aber am Ende ließ sie sich doch beeindrucken.

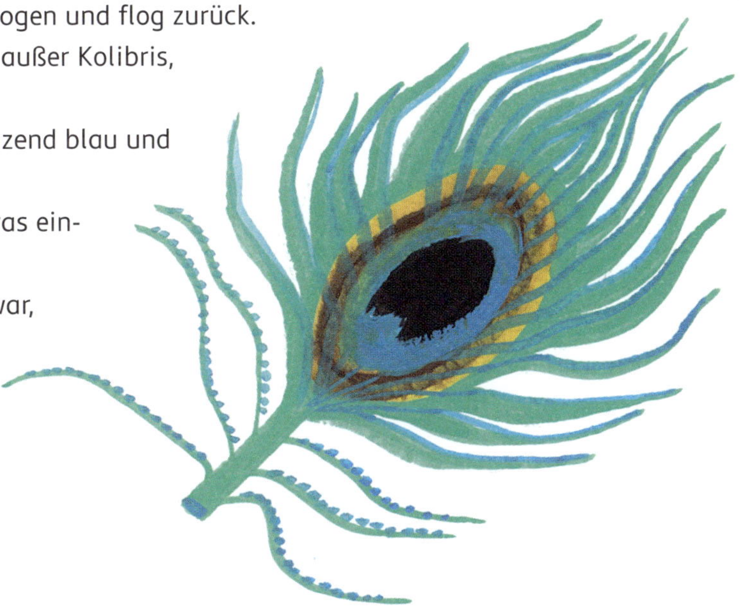

Das Herz des kleinen grauen Täuberichs machte einen Hüpfer. Mit einem Mal wusste er, was zu tun war.
Er flog zu der Feder hinab, nahm sie in den Schnabel und setzte seinen Heimflug fort.

«Was hast du da?», fragten die anderen am nächsten Morgen vor dem Unterricht.
«Was? Ach so, das ...» Der kleine graue Täuberich gab sich lässig. «Mein Ururgroßvater war ein Pfau.»
«Echt?»
«Ja», sagte der kleine graue Täuberich. «Das kommt sehr selten vor.»
Die Feder tat ihm etwas weh, weil er sie tief in seine Haut gesteckt hatte.
Aber das war es ihm wert.
Denn da kam sie auf ihn zu, die hübscheste Taube der Gurrklasse!
Sie tänzelte anmutig und sagte: «Oh, das sieht ja schön aus!»
Und so war es.
Der kleine graue Täuberich hatte das blau-grüne Auge der Feder noch extra geputzt. Und vom Schaft hatte er ein großes Stück abgenagt, damit sie nicht viel länger war als seine eigenen Federn.
Sie stand ihm wirklich gut.
«Dein Ururgroßvater war also ein Pfau», sagte die hübscheste Taube und hüpfte bewundernd um ihn herum.
Der kleine graue Täuberich nickte und drehte sich mit, sodass sie das Auge gut sehen konnte.
«Sehr besonders», fuhr sie fort. «Aber warum war die Feder bisher nicht da?»
«Weil sie mir über Nacht gewachsen ist», sagte der kleine graue Täuberich. «So ist das immer.»
«Hat es weh getan?», wollte die hübscheste Taube wissen.
«Ein bisschen», gab der kleine graue Täuberich zu.
Da rief die Lehrerin ihre Klasse herein.
«Stopp!», gebot sie, als der kleine graue Täuberich hinter seiner künftigen Freundin herhüpfen wollte. «Was hast du da am Po?»
«Sein Ururgroßvater war ein Pfau», erklärte die hübscheste Taube.
«Dass ich nicht lache», sagte die Lehrerin.
«Echt wahr!», rief die hübscheste Taube schrill.
Die Lehrerin klatschte die Flügel zusammen, und alle scharten sich um sie.
«Hört zu, Kinder. Wir Tauben sind *Aves*, also Vögel, so wie die Pfauen auch.

Pfauen aber gehören zur Familie *Phasianidae*, das heißt Fasanenartige. Und wir Tauben bilden die Familie *Columbidae*, das heißt Taubenartige.»
(Die Lehrerin war sehr gebildet, und das war großes Pech für den kleinen grauen Täuberich.)
«Somit sind wir völlig unterschiedliche Tiere. Wir sind genauso wenig mit dem Pfau verwandt wie der Hund mit der Katze.»
Bei dem Wort «Katze» schauderte es allen. Erst in der Woche davor war ein Mitschüler von einer Katze gefangen worden.
Die hübscheste Taube starrte den kleinen grauen Täuberich wütend an. «Du hast gelogen!», rief sie erbost.
Er gab es gleich zu, das schien ihm am besten.
«Ich wollte eben gern, dass du mich beachtest», sagte er.
«Du kannst mir gestohlen bleiben!» Und schon hüpfte die hübscheste Taube der Gurrklasse weg, umringt von ihren Freundinnen.
Die Lehrerin legte einen Flügel auf den Rücken des kleinen grauen Täuberichs.
«Ich hoffe, du hast deine Lektion gelernt, mein Junge», sagte sie. «Schmück dich nie mit fremden Federn.»

Und so ist es.

Der Fuchs, die Krähe und der Käse

Die Krähe hatte in der Stadt ein Stück Käse geklaut. Damit war sie bis in den Wald geflogen, um es dort in Ruhe zu verspeisen.

Sie hatte sich gerade auf einem Baum niedergelassen und wollte mit der Mahlzeit beginnen, als der Fuchs auftauchte.

Er schielte zu ihr empor.

Sie schielte zurück, den Käse fest im Schnabel haltend.

Der Fuchs leckte sich die Schnauze.

«Sag mal, hast du dich stylen lassen?», fragte er.

Die Krähe schaute verwundert drein.

«Deine Federn», fuhr der Fuchs fort. «Sie glänzen auf einmal wunderschön.»

Die Krähe wandte kurz den Kopf, um ihre Federn besser sehen zu können.

Ja, jetzt, da der Fuchs es gesagt hatte … sie glänzten tatsächlich wunderschön.

Sie setzte sich in Positur.

Aber der Fuchs hatte noch mehr auf Lager. «Und dein Schnabel», sagte er. «Wie elegant er geformt ist! So was sieht man heutzutage selten.»

Die Krähe stieß ein Krächzen aus.

Ohne ihren Käse loszulassen, schließlich war sie nicht dumm. Dennoch: Der Fuchs wurde ihr immer sympathischer. Anscheinend war er schwer beeindruckt von ihr. Und auch wenn sie sich nie mit einem Fuchs einlassen würde – sie stand nicht auf Füchse –, solche Komplimente lässt man sich gern gefallen. Vor allem als Krähe. Krähen bekommen nämlich selten Komplimente.

Sie schaute zum Fuchs hinab.

Der grinste sie an. «Weißt du, was ich glaube?», fragte er.

Die Krähe schüttelte den Kopf … nein, aber wissen wollte sie es unbedingt.

«Ich glaube, du bist die Königin der Vögel.»

Die Krähe machte einen kleinen Freudenhüpfer.

Die Königin der Vögel!

Das war ja ein Ding!

«Und ich glaube, du hast eine viel bessere Singstimme als die Amsel und die Nachtigall. Die werden maßlos überschätzt.»
Die Krähe blinzelte kokett.
Was für schöne Worte der Fuchs gebrauchte! Ihr wurde ganz weich ums Herz.
Der Fuchs setzte sich hin. «Also, ich wollte es nur mal gesagt haben.»
Die Krähe wusste, dass der Fuchs falsch lag. Sie hatte keineswegs eine gute Singstimme.
Krähen können zwar vieles, aber singen können sie nicht.
Doch was der Fuchs sagte, klang so herrlich, dass sie sich wünschte, es wäre wahr.
Und der Fuchs, der Schlauberger, schaute treu und ehrlich drein, ganz wie ein Hund.
«Wie gern würde ich deinem wunderbaren Gesang ein Weilchen lauschen», fuhr er fort. «Aber das ist wahrscheinlich zu viel verlangt.» Er legte den Kopf schräg und winselte leise.
Was soll's, dachte die Krähe. Er hat ja recht! Ich *bin* schön, und ich *kann* gut singen. Gleich wird er's hören!
Sie sperrte den Schnabel weit auf, um aus voller Brust zu singen.
Und als sie die ersten Krächzer von sich gab – Krähen können, wie gesagt, nun einmal nicht singen –, da fiel der Käse aus ihrem Schnabel und dem Fuchs ins offene Maul.
Er schmatzte laut, rülpste und rief: «Danke sehr!»

«Fuchslob stinkt!», murmelte die Krähe und flog leicht beschämt wieder in die Stadt, um ein neues Stück Käse zu klauen.

Der aufgeblasene Typ

Zwischen dem Wald und der Wiese verlief ein flacher Wassergraben. An dessen Rand saß ein Froschvater mit seinen Kindern. Die Kinder sprangen ins Wasser und wieder heraus und der Vater döste ein wenig in der Sonne. Er verstand sich auf die Kunst, mit geschlossenen Augen Fliegen zu fangen. Wenn er eine Fliege summen hörte, ließ er seine Zunge herausschnellen und ... happs!

Eine super Leistung.

Der Froschvater war hochzufrieden.

Auf der Wiese nebenan weidete heute ein Stier.

Die Froschkinder setzten sich auf einen Stein und betrachteten das imposante Tier.

«Der ist aber groß!», staunte der Sohn.

«Und ob», sagte die Tochter. «Das größte Tier, das es gibt, glaube ich.»

Der Vater öffnete träge die Augen, um zu sehen, was seine Kinder so beeindruckte.

«Das soll ein großes Tier sein?», fragte er beim Anblick des Stiers.

«Ja», sagten die Kinder im Chor.

«Und ihr glaubt wirklich, dieser Mickerling wäre das größte Tier, das es gibt?»

«Ja!», riefen die Kinder.

(Kinder haben ja meistens recht, aber in diesem Fall irrten sie. Es gibt ja noch sooo viel größere Tiere.)

Dem Froschvater war der Stier ein Dorn im Auge.

«Wartet nur, ich kann mich auch groß machen», prahlte er. «Ich habe nämlich die größte Quakblase der Welt!»

(Der Froschvater war ein ziemlich aufgeblasener Typ.)

«Aufgepasst, Kinder!» Er blies seine Quakblase auf, wie Frösche das gut können.

«Ui, sooo groß!», sagte der Sohn.

«Aber der Stier ist größer», beharrte die Tochter.

«Habe ich behauptet, dass ich schon fertig bin?», fragte der Froschvater.

Diesen blöden Stier würde er alt aussehen lassen!

Er blies und blies, bis seine grüne Haut so spannte, dass sie fast durchsichtig war.

«Ui, sooo groß!», sagte der Sohn wieder.

Groß war er tatsächlich, der Froschvater mit seiner Blase, aber im Vergleich zum Stier doch sehr mickrig.
«Der Stier ist aber noch größer», flüsterte die Tochter.
Später sollte sie sich fragen, ob nicht passiert wäre, was dann passierte, wenn sie ihre Klappe gehalten hätte.
Aber Kinder sagen nun einmal, was sie denken.
Und der Froschvater hatte es gehört, obwohl sie geflüstert hatte.
Er konnte mit geschlossenen Augen Fliegen fangen, also los!
«Ich kann mich viel größer machen als dieser blöde Stier!», schrie er zornig.
«Aufgepasst!»
«Tu's nicht, Papa!», rief der Sohn.
«Du bist auch so groß genug!», setzte die Tochter schnell hinzu.
So gut der Froschvater auch hören konnte, auf seine Kinder hören wollte er nicht.
Er blies und blies und blies …

PENG!

Mit einem lauten Knall platzte er aus seiner Haut.
Tja, so kann es kommen.

Die Schildkröte und der Hase machen einen Wettlauf

Neuerdings unternahm die Schildkröte täglich einen Spaziergang. Das sei gesund, hieß es. Und weil die Schildkröte noch älter werden wollte, als sie ohnehin schon war, beherzigte sie diesen Rat.
Folglich war sie jeden Tag im Wald unterwegs. Auch heute machte sie sich auf. Gemächlich, denn Rennen ist mit einem Panzer auf dem Rücken nicht möglich.
Der Hase kam gehoppelt. Er hielt inne und versuchte dann, so langsam zu gehen wie die Schildkröte. Das wollte ihm aber nicht gelingen.
«Liebe Güte, bist du langsam!», sagte er.
«Ist doch egal», erwiderte die Schildkröte.
«Ist doch langweilig», gab der Hase zurück.
«Von wegen langweilig», entgegnete die Schildkröte, «wer in Siebenmeilenstiefeln geht, sieht keine Gänseblümchen.»
«Was soll ich mit Gänseblümchen?», fragte der Hase.
Die Schildkröte seufzte. Dieser Hase immer mit seinem Geschwafel!
«Lass uns um die Wette laufen», schlug sie vor. «Die umgestürzte Eiche ist das Ziel. Wer zuerst dort ist.»
«Hahahaha!» Der Hase fiel vor Lachen um. «Das soll wohl ein Witz sein, oder?»
«Keineswegs», erwiderte die Schildkröte. «Ich mache nie Witze.»
«Also gut», sagte der Hase.
Er bat die Krähe oben im Baum, Schiedsrichterin zu sein.
Dazu war die Krähe gern bereit. Sie flog sogleich zur genannten Eiche, damit sie aufpassen konnte, wer zuerst ankam.
«Auf die Plätze, fertig, los!», rief der Hase und flitzte davon.
«Ein Glück, der wäre weg ...», murmelte die Schildkröte und setzte gemächlich ihren Spaziergang fort.

Der Hase sprintete bis zum Weiher.
«Zeit genug, meinen Durst zu löschen», sagte er. «Die lahme Schildkröte ist bestimmt noch nicht mal auf halber Strecke. Echt blödsinnig, dieser Wettlauf!»
Und wieder brach er in Gelächter aus.
Das mussten seine Freunde erfahren! Schnell machte er ein Foto für Fabel-Babbel und schrieb darunter:

Die Schildkröte hat mich zu einem Wettlauf herausgefordert!

Noch zehn Tränen lachende Smileys und flugs gepostet.
Dann wartete er auf die ersten «Gefällt mir»-Benachrichtigungen.
Ah, da war schon eine, vom Waldkauz.
Und eine vom Eichhörnchen.
Kamm gut an! Gefällt.
Er legte sich rücklings ins Gras zwischen die Gänseblümchen.
Die Sonne schien und er fiel in einen herrlich tiefen Schlaf.

Er träumte, dass er für seinen Sieg eine Medaille erhielt.
Und dass er so viele «Gefällt mir» bekam, dass er die Übersicht verlor.
Und wie er so träumte, kam die Schildkröte vorbei. Im gleichen gemächlichen Tempo wie die ganze Zeit über.
Sie betrachtete den Hasen und dachte: Wer schläft, sieht auch keine Gänseblümchen.
Und ohne ihn zu wecken, trottete sie weiter.
Nach einer Weile kam die umgestürzte Eiche in Sicht. Womöglich gewinne ich nun doch, dachte die Schildkröte.
Unterdessen träumte der Hase von einer dicken knallorangenen Möhre, einer Möhre mit Beinen, die vor ihm herrannte.
«Bleib stehen, Möhre!», schrie er. Und wachte von seinem eigenen Schreien auf.
Er blickte um sich.
In der Ferne erklangen Rufe.
«Gleich bist du da, Schildkröte!»
Die krächzige Stimme der Krähe.
Oh nein, der Wettlauf!
Der Hase sprang auf und flitzte in Richtung Ziel davon.
«Ein paar Schritte noch, Schildkröte! Du schaffst das!», krächzte die Krähe.
Die Krähe konnte zwar nicht singen, gab aber eine sehr brauchbare Sportreporterin ab.
Aus dem ganzen Wald waren Tiere gekommen und hatten sich am Ziel versammelt.
Der Hase rannte und rannte, die Ohren flach angelegt, um noch windschnittiger zu sein.
Aber vergeblich. Er holte die Schildkröte nicht mehr ein.
Unter lautem Jubel stemmte sie – gaaanz langsam – den Fuß an die umgestürzte Eiche.
Kurz darauf prallte der Hase, weil er nicht mehr bremsen konnte, in vollem Tempo gegen den Stamm.
«Die Schildkröte hat gewonnen! Die Schildkröte hat gewonnen!», krächzte die Krähe.

Und so war es.

ZIEL

Fa-bel *(die, feminin, Plural: Fabeln)*

1. Kurze Erzählung, in der Tiere menschliches Verhalten zeigen, am Ende meist mit einer Moral, das heißt, man kann eine Lehre daraus ziehen.
2. Erfundene fantastische Geschichte.

Ein großer Teil der Fabeln in dieser Sammlung basiert – sehr lose – auf existierenden Fabeln von Jean de la Fontaine (1621–1695), die wiederum zu einem großen Teil – sehr lose – auf den Fabeln von Äsop basieren, einem griechischen Sklaven, der um das Jahr 600 v. Chr. lebte. Das Buch enthält aber auch komplett neu erfundene Fabeln wie «Die vielen Freunde des Hasen», «Der Star mit den Pfauenfedern», «Die Ameisen sind schuld» und «Das Eichhörnchen legt ein Ei».

Die Schriftstellerin, die diese Fabeln verfasst hat, ist ein Säugetier – ein *Homo sapiens* würde die Lehrerin der Gurrklasse sagen. Sie heißt Janneke Schotveld und ist in den Niederlanden hauptsächlich für ihre Bücher über die Tiere rettende Superlehrerin bekannt. Auf Deutsch ist eine andere Superheldin von ihr erschienen: Die tapfere Ritterin, die auf ihrem Fahrrad mutig allen in Not hilft. Sie wohnt in einem alten Haus nahe am Wald, wo man sie jeden Tag mit ihrem Hund Boris antrifft, dem es nichts ausmacht, an der Leine zu gehen. Sie mag alle Tiere, nicht so sehr aber weibliche Mücken, weil sie stechen, und Schnecken, weil sie die Pflanzen in ihrem Garten fressen. Ihr Lieblingstier ist die Katze, obwohl die manchmal Spechte frisst. Sie besitzt drei Katzen, die übrigens nie Spechte fressen, dafür aber Waldmäuse, was auch nicht gerade nett ist. Wenn sie die Wahl hätte, wäre sie gern eine (vegetarische) Katze und würde den ganzen Tag sorglos in der Sonne dösen.

@schotveldjanneke

Die Illustratorin, die die wunderschönen Bilder zu den Fabeln geschaffen hat, ist auch ein *Homo sapiens*. Sie heißt Noëlle Smit und ist hauptsächlich für ihre Bücher *Naar de markt* («Auf dem Markt») und *In de tuin* («Im Garten») bekannt, die beim Druck dieses Buches noch nicht auf Deutsch erschienen sind. Sie wohnt in einem alten Haus nahe am Meer, wo man sie jeden Tag mit ihrem (kleinen) Hund Tom antrifft, der gern am Wasser entlangläuft, sich aber nicht hineintraut. Sie selbst traut sich hinein, und zwar oft und gern. Ihr Lieblingstier ist – abgesehen von Tom natürlich – der Schwarzschwan, weil er so märchenhaft aussieht und schön zu malen ist. Spechte mag sie nicht, weil sie die Nester anderer Vögel plündern. Wenn sie die Wahl hätte, wäre sie gern ein Igel und würde in ihrem eigenen Garten zwischen Blumen und Büsche herumstreunen und zugleich dafür sorgen, dass die Pflanzen nicht von den Schnecken gefressen werden.

@studionoelle

Janneke Schotveld

Die Abenteuer der tapferen Ritterin

Mit Bildern von Milja Praagman

Aus dem Niederländischen

von Eva Schweikart

88 Seiten, gebunden

ISBN 978-3-7725-2913-9

Starke Ritterinnen werden immer gebraucht – vor allem die tapfersten. Wenn sie dann auch noch auf einem Rennradross unterwegs sind, kann nichts und niemand vorhersagen, wohin sie als Nächstes eilen muss. Denn es gibt immer etwas zu tun, und es gibt immer jemanden, der ihre Hilfe gebrauchen kann. Ob Kinder, Riesen, Statuen, Bäcker oder Löwen – in Schwierigkeiten können alle stecken. Dann ist es gut, eine Ritterin in der Gegend zu wissen, die alle Tricks, aber keine Vorurteile kennt, denn das Leben ist aufregend, wild und wunderbar!

Ein Buch mit humorvollen und modernen Geschichten, die so manches Märchen auf den Kopf stellen und lässig Klischees über den Haufen werfen.